मदन कश्यप

मदन कश्यप का जन्म 29 मई, 1954 को बिहार के वैशाली जनपद के एक गाँव में हुआ। उनकी प्रकाशित कृतियाँ हैं—'लेकिन उदास है पृथ्वी', 'नीम रोशनी में', 'कुरुज', 'दूर तक चुप्पी', 'अपना ही देश' और 'पनसोखा है इन्द्रधनुष' (कविता-संग्रह); 'कवि ने कहा', '75 कविताएँ' (संचयन); 'मतभेद', 'लहूलुहान लोकतंत्र', 'राष्ट्रवाद का संकट', 'लॉकडाउन डायरी' और 'बीजू आदमी' (गद्य)।

वैचारिक आलेख, आलोचना और सामाजिक-राजनीतिक विषयों पर टिप्पणियों का भी नियमित लेखन। मजदूर आन्दोलन की पत्रिका 'श्रमिक सॉलिडेरिटी' (धनबाद) से लेकर 'दि पब्लिक एजेंडा' (नई दिल्ली) तक कई पत्रिकाओं के सम्पादन से सम्बद्ध रहे। कुछ पुस्तकों का भी सम्पादन किया।

कविताओं का कुछ विदेशी और अन्य भारतीय भाषाओं में अनुवाद। विभिन्न भाषाओं में प्रकाशित समकालीन कविता के संकलनों में रचनाएँ शामिल। बिहार के विश्वविद्यालयों के स्नातकोत्तर पाठ्यक्रम में समकालीन कवि के रूप में पढ़ाए जाते हैं। कुछ अन्य पाठ्यक्रमों में भी कविताएँ शामिल। उनके कवि-कर्म पर केन्द्रित तीन पुस्तकें प्रकाशित हैं—'ज़्यादा प्राचीन है वेदना की नदी' (ए. अरविंदाक्षन), 'मदन कश्यप की काव्य चेतना' (देवशंकर नवीन) और 'मदन कश्यप का कविकर्म' (अरुण होता)। दूरदर्शन, आकाशवाणी, साहित्य अकादेमी, नेशनल बुक ट्रस्ट सहित साहित्य के शीर्ष संस्थानों में काव्य-पाठ एवं व्याख्यान। 2008 से 2017 तक दूरदर्शन पर पुस्तक-चर्चा के साप्ताहिक कार्यक्रम 'शब्द निरन्तर' का नियमित प्रसारण। इन नौ वर्षों के दौरान लगभग 400 पुस्तकों पर नामवर सिंह के साथ बातचीत।

'दिनकर राष्ट्रीय सम्मान' (2024), 'अज्ञेय शब्द शिखर सम्मान' (2022), 'नागार्जुन पुरस्कार' (2016), 'केदार सम्मान' (2015) 'शमशेर सम्मान' (2008), 'बनारसी प्रसाद भोजपुरी सम्मान' (1994) सहित अन्य कई सम्मानों से सम्मानित।

सम्पर्क : madankashyap0@gmail.com

बस चाँद रोएगा

मदन कश्यप

राजकमल पेपरबैक्स

राजकमल पेपरबैक्स में
पहला संस्करण : 2025

राजकमल पेपरबैक्स : उत्कृष्ट साहित्य के जनसुलभ संस्करण

राजकमल प्रकाशन प्रा. लि.
1-बी, नेताजी सुभाष मार्ग, दरियागंज
नई दिल्ली-110 002
द्वारा प्रकाशित

शाखाएँ : अशोक राजपथ, साइंस कॉलेज के सामने, पटना-800 006
पहली मंज़िल, दरबारी बिल्डिंग, महात्मा गांधी मार्ग, प्रयागराज-211 001
1, अनमोल सोराबजी सन्तुक लेन, धोबी तलाव, मरीन लाइंस, मुम्बई-400 002
वेबसाइट : www.rajkamalprakashan.com
ई-मेल : info@rajkamalprakashan.com

विकास कंप्यूटर एंड प्रिंटर्स
ट्रॉनिका सिटी-201 102
द्वारा मुद्रित

मूल्य : ₹250

BAS CHAAND ROYEGA
Poems by Madan Kashyap

ISBN : 978-93-6086-902-1

अभी संध्या नहीं

कठिन दोपहरी है
कहीं दिखती नहीं है छाँव
थक गया है तन-मन
हार गया हूँ सब दाँव

चले गये हैं स्वजन-परिजन सब
हृदय के आसन पे रखकर पाँव
धूप-नदी में बगूलों के भँवर
यों फँस गयी है ज़िन्दगी की नाव!

नई सदी के समर्थ
और अत्यन्त प्रिय
युवा कवि
उमाशंकर चौधरी और निशान्त
के लिए

क्रम

बस चाँद रोएगा

खो गया है

नदी भी है
और गाँव भी—
बस
घाट कहीं खो गया है

दूर-दूर रहने
या डूब-डूब जाने
से अलग
एक शीतल स्पर्श का
बाट कहीं खो गया है

लहरें उठ रही हैं
सघन छायाएँ भी वृक्ष की हैं
खाटें बिछी हैं
नावें बँधी हैं
बस हलचल जीवन का

कहीं दूर-दूर तक नहीं है
बिना जिसके समय का
ठाट कहीं खो गया है!

[2020]

देह

कैसे कहूँ कि देह निस्सार है
सब कुछ देह के अन्दर ही तो है
साँसें चलती हैं देह में
धड़कन देह में
देह के झरोखे पर बैठकर ही
आँखें देखती हैं दुनिया

एक सुई चुभती है किसी कोने में
और तड़प उठती है पूरी देह
एक बूँद टपकता है
और धमनियों में रक्त दौड़ पड़ता है नया सन्तुलन बनाने को
जहाँ से काटे जाते हैं टिशू
वह जगह तब तक दुखती रहती है
जब तक पहले जैसी नहीं हो जाती

स्मृतियाँ भी देह से बाहर नहीं
मन चाहे कितनी उड़ान भरे

एक तार जुड़ा रहता है देह से

और तुम्हारा प्यार भी तो
देह में ही पसरा हुआ है!

[2018]

पराजय का गीत

कुछ लोभी इच्छाएँ अगर अब भी हैं
तो रहें
पड़ी रहें मन के किसी कोने में
मैं तो इस पराजय को क़ुबूल करता हूँ
और आगे इसी के साथ जीना चाहता हूँ

बेचैनी में तो बीतेंगी विजेताओं की रातें
उन्हीं पर होंगी विरोधियों की घातक निगाहें
साज़िशें भी रची जाएँगी उन्हीं के ख़िलाफ़
इतिहास रचने के, अपने दम्भ से
हलकान भी वे ही होते रहेंगे

मैं तो चुपचाप चला आया हूँ
शिकस्तग़ी के इस ख़ूबसूरत शान्त संसार में
जहाँ लहरा रही हैं भरोसे की फ़सलें
खिलखिला रहे हैं भलमनसाहत के कारख़ाने

विजेता तुम्हारी उन्मादी दुनिया से कहीं बहुत बेहतर है
हम पराजितों की मासूम दुनिया
एक ताक़तवर स्वपोषित निरुपायता में जीते हुए
अपने मृदुल आत्मगौरव को बचाए रखना हमारा मक़सद है
तुम्हारी जीत में नहीं
हमारी हार में ही बची रहेगी मानुषिकता

तुम्हारे चमकदार हथियारों को देखकर
मैं धीमे-से मुस्करा दूँगा
क़ातिल इरादों को भाँपकर
कुछ और किनारे हो जाऊँगा
तुम्हारे विजयी सेनानियों को चुपचाप गुज़र जाने दूँगा
ताकि वे लौटकर अपने उन बच्चों से मिल सकें
जो उनके अभियान पर निकलने के बाद पैदा हुए

मैं रचूँगा पराजितों के लिए गीत
जिनकी संख्या हमेशा विजेताओं से अधिक होगी
हथियारों से नहीं
श्रम और संगीत से सिरजी गई है यह दुनिया

मैं गाऊँगा
हाँफती हुई नदियों के लिए
दरकते पहाड़ों के लिए
सिमटे-सहमे जंगलों के लिए
डर और दहशत से, हँसते हुए, लड़ते
करोड़ों लोगों के लिए
जो होंगे हमेशा साथ

और तुम्हारे साथ कौन होगा विजेता
बस एक थका हुआ ईश्वर!

[2020]

अधूरी आत्मकथा

अभाव जितना रहा हो
हताश कभी नहीं हुआ
जूते टूट गए
नंगे पाँव चलने का व्रत ले लिया
खाना नहीं मिला
पाचन-तंत्र ठीक करने के लिए
उपवास को ज़रूरी बता दिया

पाँचवीं कक्षा में मिला पुराना कोट
आठवीं तक आते-आते छोटा होकर फट गया
तब ख़ुद को समझाया
बड़ा हो गया हूँ
जाड़े में भी हाफ़ क़मीज़ पहनकर स्कूल जा सकता हूँ

फटे पैजामे पर चिप्पी लगाई तो एक अदा के साथ
चाची की पुरानी चप्पल को
एक नया स्टाइल बताकर

कॉलेज का पहला साल निकाल दिया

जो नहीं था
वह बहुत ज़्यादा था
लेकिन जो था
वह भी कम नहीं था

परिपक्व निराशा के दौर में
एक दिन सुबह जब निकल पड़ा था ख़ाली पेट और ख़ाली जेब
नाले पर पटरे रखकर बनाई झुग्गियों में से किसी एक में
सुना एक नवजात शिशु का रोना
तब लगा जीवन यहाँ भी सम्भव है
रोया ज़रूर कभी-कभी
वस्तुओं की अल्पता पर नहीं
भावों की कमी पर

चलने-भर के लिए बनाई राह
कुछ भी बचाने की कोशिश नहीं की
विचारों को छोड़कर

इच्छाओं को अर्थहीन बनाकर
सार्थक किया जीवन को
अब बस एक अभिलाषा बची है
एक बार जन्म लिया है पृथ्वी पर
मरूँ भी एक ही बार!

[2021]

रुदन और गान

मैं एक साथ सुन रहा हूँ रुदन और गान
भारतमाता सिसक रही है
और देश गा रहा है झूम रहा है
उसके कपाल पर अंकित घाव को
कैसे नहीं देख पा रहा है कोई
सोचो वह आदमी कितना श्रीहीन है
जो औरों के दुख में अपनी ख़ुशी तलाश रहा है

आज़ादी को खोकर भी मुल्क बचा रहा
लेकिन अब तो यह अपना संगीत खोता जा रहा है

खेतों में हल चलानेवाले
निराई, गोड़ाई और कटाई करनेवाले
किसान नहीं होते
किसान वे केवल तब होते हैं
जब सल्फ़ास खा लेते हैं

कारख़ानों में हाड़तोड़ मिहनत करनेवाले
वेल्डिंग, कटिंग और सोल्डिंग करनेवाले
मज़दूर नहीं होते
मज़दूर वे केवल तब होते हैं
जब नौकरी से निकाल दिए जाते हैं
(काम से निकाल दिये जाने पर तो
किंगफिशर के पायलटों को भी
यूनियन की याद आती है)

काँवड़ लेकर भोलेनाथ के जलाभिषेक के लिए
दौड़ते जानेवाले शिवभक्त
दलित नहीं होते
दलित वे तब होते हैं
जब पीठ पर कोड़े बरसाते हुए
उनका वीडियो बनाया जाता है

बस केवल आदिवासी हैं
जो गोलियाँ खाने से पहले भी
और गोलियाँ खाने के बाद भी
आदिवासी ही रहते हैं

[2019]

अल्टर ट्रुथ

आदमी तो चलो चुप्पी से भी दे देगा जवाब
लेकिन भाषा में कैसे दर्ज होंगी तुम्हारी करतूतें
तुम धूर्तता को ज्ञान का पर्याय बता रहे हो
और झूठ को समय का सच
अब इतने-से यह बदलता नहीं
कि बहुत-से लोग तुम्हारे साथ हैं

मुहावरे बनते और बदलते रहते हैं
लेकिन शब्दों के अर्थ और अभिप्राय बदलने में
युग बीत जाता है

अभी तो तड़ीपार का मतलब तड़ीपार ही है
और दंगाई का अर्थ दंगाई
वैसे ही जैसे पत्थरबाज का अर्थ पत्थरबाज है
अब किसे पता था
संसद में रोनेवाला हत्यारा
एक दिन पूरे सूबे को रुलाएगा

फिर भी, अब तक रोने का मतलब रोना ही है
जैसे होने का मतलब होना

चोर कोई भी हो या हो जा सकता है
मगर चोर होने पर कोई चौकीदार नहीं रह जाता
अब 1988 के आकाशवाणी पटना के किसी कार्यक्रम का बच्चा
2019 के चुनाव में वहीं अटका हुआ था
तो भाषा ने उसे कहाँ माफ़ किया
ठोस सचाइयाँ शब्दों की चालाकी से भी नहीं छुपतीं
गर्व से छाती किसी की भी फूलती है
लेकिन जब निर्लज्जता से फूलने लगती है
तो आदमी अपने सीने की लम्बाई बताने लगता है

तुम्हारा झूठ बहुत पराक्रमी है
फिर तुम्हें किसका डर है
झूठ बोलो, ख़ूब झूठ बोलो, ख़ूब-ख़ूब झूठ बोलो
लेकिन झूठ ही बोलो
अपने कुर्ते की तरह सच को काट-छाँटकर
ताक़तवर झूठ का पहनावा मत बनाओ

इतने लोग तुम्हारे झूठ को सच मानते हैं
फिर तुम्हें ही अपने झूठ पर सच्चा विश्वास क्यों नहीं है

सच तो यह है कि तुम डरे हुए हो
सबसे ज़्यादा अपने झूठ से

डरा हुआ मैं भी हूँ
लेकिन मेरा डर एक एक सुन्दर चिकना ख़रगोश है

वह मुझे जितना डराता है उससे अधिक ख़ुद डरता है
किसी एक दिन उछलकर झाड़ी में छिप जाएगा
और अपने कान सिकोड़ लेगा

तुम्हारा डर एक बनैला सूअर है
भले ही उसके पैने दाँतों पर तुम्हें गुमान हो
और उसमें वराह की छवि दिखे
अंदर ही अंदर किसी और से ज़्यादा
वह तुम्हें लहूलुहान कर रहा है

गोएबेल्स का कथन सिर्फ़ कहनाम भर है
सच तो यह है कि हज़ार बार दुहराने पर भी
झूठ झूठ ही रहता है!

[2019]

तब भी बचा रहेगा देश

एक दिन तुम नहीं रहोगे
तब भी बचा रहेगा यह देश
ख़त्म उसे भला क्या कर पाओगे
ख़त्म तो तुम ख़ुद हो जाओगे

कैसे मरोगे
दुश्मनों की फ़ौज से घिरने के बाद आत्महत्या कर लोगे
या प्रतिद्वन्द्वी की जेल में आख़िरी साँस लोगे
जनता तुम्हें सड़कों पर दौड़ाएगी
अथवा किसी विमान दुर्घटना के बाद
एक टूटे दाँत से तुम्हें पहचाना जाएगा
पता नहीं
पर हम तो तुम्हें बस
तुम्हारे चहकते झूठ से ही पहचानेंगे

मैंने तो समय के जले हुए मकान की
भीतरी दीवार पर दस साल बाद भी बची हुई कालिख में
तुम्हारा चेहरा देखा था

मेरे लेखे वही तुम्हारा पहला और आख़िरी चेहरा है
जो तुम्हारे मरने के बाद भी दिखता रहेगा

कोई नहीं मारेगा फिर भी तुम मर जाओगे
और अपूर्ण रह जाएगी देश को मार डालने की तुम्हारी दुष्कामना
बचा रहेगा यह देश तब भी
भले ही थोड़ा आहत
किंचित टूटा-फूटा
कुछ-कुछ हलकान और लहूलुहान
लेकिन थमेंगी नहीं उसकी साँसें

एक दिन यह जयकारा बन्द होगा
थालियाँ-तालियाँ भी शान्त हो जाएँगी
सम्मोहन टूटेगा
और ख़ुद को ही घायल करनेवाले लोग
लग जाएँगे वापस देश को बचाने में
किसान खेतों में लौटेंगे
फ़सलें लहलहाएँगी
विनिर्माण कारख़ानों में गूँजेगा मशीनों का संगीत

रात होगी इतना अँधेरा नहीं होगा
दिन होगा इतनी निराशा नहीं होगी
धीरे-धीरे पटरी पर लौटेगा देश
प्रतिहिंसा से मुक्त होकर परम्परा को पहचानेंगे लोग
और इतिहास के खलनायकों के महत्तर में
एक पिंडी तुम्हारे नाम की भी बना देंगे!

[2021]

कौआडोल

मिट्टी और हरियाली के साथ-साथ
अपना गौरव खोती जा रहीं तीन पहाड़ियाँ
बराबर की ऐतिहासिक पर्वत-शृंखला से छिटककर
खेतों में खड़ी हैं चुपचाप
जाने कितने युगों से
अपने ढीले होते जा रहे पंजर को सँभालती हुईं

इस बीच सभ्यता ही नहीं
भाषा तक बदलती चली गई
फिर भी धरती में डाले गए बीज से अंकुर का फूटना
बदस्तूर जारी रहा
परिवर्तित होती हुई बोली-बानी में
बची रह गई प्राचीन लय की तरह

फ़सलों से मौन संवाद करतीं ये पहाड़ियाँ
उस आदिम संगीत में ढूँढ़ती हैं अपना बचपन
और स्मृतियों से बज्रलेपित करती हैं चट्टानों को

कि बचा रह सके जीवन

एक पहाड़ी के नुकीले शिखर पर
अटकी हुई है वह विशाल चट्टान
जाने कितनी देर से खड़ा है एक मुसाफ़िर
माथे पर बड़ी-सी पोटली उठाए
उस यात्रा के लिए जो शुरू ही नहीं हो पाई है

सन्तुलन इसका कुछ ऐसा है
कि कौए के बैठने से भी डोलने लगता है
दूसरी तरफ़ बड़े-से-बड़ा आँधी-तूफ़ान क्या
1934 का भूकम्प भी इसे डिगा नहीं सका!

(जहानाबाद (बिहार) की ऐतिहासिक 'बराबर' की गुफाओं से कुछ पहले तीन पहाड़ियाँ हैं, जिनमें से एक का नाम है 'कौआडोल'।)

[2020]

इस कोरोना समय में

फ़ुरसत में हूँ
इसीलिए कुछ कर नहीं पा रहा हूँ
समय बहुत ज़्यादा हो तो किसी काम का नहीं होता
बिल्कुल ज़्यादा ईश्वर की तरह

और देखो ना
जो लोग बहुत ईश्वर-ईश्वर चिल्लाते थे
कोरोना-कोरोना चिल्ला रहे हैं

नहीं कहूँगा मृत्यु से डरना नहीं था
लेकिन अब तो यह बिलकुल नहीं डरा पा रही है
पहले सोचता था यह बर्छे की तरह आएगी
चुभेगी
और सब कुछ ख़त्म कर देगी
लेकिन यह तो बाहर-भीतर लिपट गई है
नर्म कम्बल की तरह

फिर तो मरने तक आराम से जी सकता हूँ
इसके मसृण स्पर्श के साथ

चेहरे और पीठ पर दंश जैसा कुछ हो रहा है
छोटी-छोटी फुंसियाँ काले तिल में बदलती जा रही हैं
मरने से पहले
अपने होमियोपैथिक चिकित्सक से मिल लेना चाहता हूँ

युवा दिनों में ही कान की सर्जरी करानी पड़ी थी
तब से कभी-कभी तेज़ खुजली होती है
तो दो बूँद मूलिन ऑयल डाल लेता हूँ
जो पिछले कुछ महीनों से नहीं है
मरने से पहले
उसकी एक छोटी शीशी ख़रीद लाना चाहता हूँ

बाल इतने बड़े और बेतरतीब हो गए हैं
कि आईने के सामने जाने से डरता हूँ
मरने से पहले
अच्छे से इन्हें कटा लेना चाहता हूँ।

यात्रा से ढेर सारे गन्दे कपड़े लेकर लौटा था
उन्हें धो तो दिया है
अब मरने से पहले
इस्तरी कराकर सलीके से रख देना चाहता हूँ

अनपढ़ी किताबों की धूल झाड़कर
एक बार प्यार कर लेना चाहता हूँ
उन्हें पढ़ने का चाहे जितना मतलब हो

कुछ मतलब उनके होने का भी है

तमाम उच्छिन्न सुकुमार इच्छाओं को समेटकर
भर लेना चाहता हूँ आत्मा के उजाड़ में
ताकि मरने से पहले
हरी-भरी हो जाए देह की धरती

भूख से बहुत जन मर रहे हैं
और जो बचने के लिए भाग रहे हैं पाँव पैदल
अपने गाँव की ओर—
उनमें से भी कुछ थकान से मर जा रहे हैं
यह कैसा समय है कि लोग
जीवन बचाने के लिए जीवन गँवा रहे हैं

जिसने आत्महत्या से पहले
मोबाइल बेचकर परिवार के लिए खाना ख़रीदा
और अपने बच्चों को गर्मी से बचाने के लिए एक पुराना पंखा भी
उसकी मौत में जीवन का कितना बड़ा सपना शामिल है
इसे वे भला क्या समझेंगे
जो स्वप्न और हवस का अन्तर नहीं जानते

अन्न और दवा के अभाव में मरते लोग
यों चुपचाप तो नहीं रहेंगे
मरने से पहले
इन्हें जीवन के पक्ष में खड़े होते देखना चाहता हूँ

नई सदी में बेहद हृष्ट-पुष्ट और ताक़तवर हो चुका ईश्वर
अचानक कितना निरीह दिखने लगा है

इस कोरोना समय में
मैं मरने से पहले
ईश्वर को मरता हुआ देखना चाहता हूँ।

[2020]

कोरोना में 65 पार

बावजूद इसके कि समय कहीं अधिक तय करता है, सरकारें भी बहुत कुछ तय करती हैं, लेकिन ऐसा तो पहली बार हुआ है कि दुनिया-भर की सरकारों ने नागरिकों के मरने की उम्र तय कर दी है।

अपने ही डर में कुछ इस तरह छिप गया हूँ
कि डरकर भी डरा हुआ नहीं हूँ
हो तो गया था
पर एक साल बाद अब जाकर हुआ
65 पार होने का अहसास
जब काल की पनाह से निकालकर
कोरोना के हवाले कर दिया गया

एक ढीठ ख़ामोशी मुझे घूरती रहती है
बन्द कारख़ानों की उदास बत्तियाँ
मानो संध्या का स्वागत करना भी भूल गई हैं
अँधेरे की चुप्पी से कहीं ज़्यादा भयावह होती है
रोशनी की नीरवता

उन सबके बीच बस यह हवा है
जो न केवल चल रही है
बल्कि दिन में कई-कई बार
गति और दिशा बदल रही है

ईश्वर की तरह ही
यह कोरोना भी क्रूर चमत्कारी है
दिखता कहीं नहीं है
हर जगह अपने होने का अहसास कराता है
मौत के सौदागरो, बताओ तो सही
क्या दुनिया में कोरोना के नाम पर भी
उतने लोग मारे जाएँगे जितने ईश्वर के नाम पर मारे गए
तय तो कुछ ईश्वर ने भी नहीं किया था

मैं तो स्पर्श और अभिव्यक्ति के बिना
वैसे भी मर जाऊँगा
कविता से अलग भला क्या है मेरा वजूद

वैसे तो अभी बहुत वक़्त है
17 जुलाई, 2025 को जाकर कहीं
ग़ालिब की उम्र का हो जाऊँगा
लेकिन एक बात अभी ही जान लेना चाहता हूँ
मिर्ज़ा जब 65 पार कर गए थे
तब सिर्फ़ ग़ज़लें ही कह रहे थे
या प्यार भी कर रहे थे?

[2020]

कलंक

हज़ारों साल पुराना था हमारा धर्म
तैंतीस करोड़ भले ही केवल अवधारणा में हों
हमारे संज्ञान में भी सैकड़ों देवी-देवता थे
दर्जनों को तो हम सीधे जानते और मानते थे
कोई बंदिश नहीं
कोई आचार संहिता नहीं
बस पवित्रता का एक सहजबोध था

देवता थे
कुछ शास्त्र-पुराणों में वर्णित
तो कुछ दन्त कथाओं तक सीमित
हम किसी एक या दो या सात को मानकर भी
रह सकते हैं हिन्दू
[मैं तो बस अपने गाँव के डीह बाबा को ईश्वर मानता था
फिर भी हिन्दू था]

फिर तुम आए
अर्द्धहत्यारे-अर्द्धसौदागर
हमें सिखाया :
देश एक है
संसद एक है
संविधान एक है
धर्म भी एक चाहिए
और ईश्वर भी एक ही
तुम बोले : जय श्रीराम
हम पुरखों की सीख को याद करके बोले :
जय सियाराम
तब तुमने चेताया
सिया नहीं केवल राम!

पर यह क्या
गण हत्या में जय श्रीराम
दंगा-फ़साद में जय श्रीराम
अब चुनाव में भी जय श्रीराम
मन्दिर से निकालकर कहाँ पहुँचा दिया तुमने ईश्वर को
विधान बदलकर
हमारी पहचान ही मिटा दी

अधिक हिन्दू होने के उन्माद में
हम रह ही कहाँ गए हिन्दू
तुमने जीवन के आचार ही नहीं
मौत के संस्कार से भी वंचित कर दिया
हमारी मृत देहों को
कहीं खेतों में दबा दिया

तो कहीं नदी में बहा दिया
और लगा दिया हम पर
जल को प्रदूषित करने का कलंक!

[2022]

स्पर्श : तीन कविताएँ

चाहता हूँ

तुम्हारे प्रशस्त कटि-प्रदेश को बाँहों में समेटते हुए
सो जाना चाहता हूँ चिर निद्रा में

चाहता हूँ
मौत आए तो इतना चुपचाप आए
तुम मेरे बालों में अँगुलियाँ फिराती रहो
और बहुत देर तक पता ही नहीं चले
कि मैं जा चुका हूँ

मरने के बाद भी मुझे इसी तरह छूना
ऐसे ही पलकें झुकाकर शरमाना
और मुँह फेरकर मुस्कराना

चाहता हूँ

मेरा सब कुछ इस तरह तुम्हें मिल जाए
कि मृत्यु को कुछ मिले ही नहीं!

कहीं नहीं जाऊँगा

मैं कहीं नहीं जाऊँगा
रहूँगा तुम्हारे ही भीतर
तुम्हारे तुम में विलीन होकर
तुम जाना समुद्र के उसी तट पर
जहाँ कई दिनों तक हम
साथ-साथ घूमते रहे थे

बिना किसी का हाथ पकड़े
चढ़ जाना उस चट्टान पर
मैं रहूँगा न तुम्हारे भीतर तुम्हें थामे हुए

बालू पर खोजना मेरे पाँव के निशान
लहरें भला क्या मिटा सकी होंगी उन्हें
और जो मिट भी गए हों
तब भी तुम्हारी यादों में तो होंगे ही

मैं कहीं नहीं जाऊँगा
तुम्हारी आत्मा में एक छुअन की तरह रहूँगा
अन्तस्थल में हो रही
तेज़ बौछारों में भींगता हुआ।

तुम्हारा स्पर्श

वह एक तुम्हारा स्पर्श ही तो था
कि जिससे होती थी ईश्वर के होने की अनुभूति
कोरोना ने मुझे निरीश्वर कर दिया!

[2020]

मेरा इन्तज़ार करना

मेरा इन्तज़ार करना
पलक पाँवड़े बिछाकर नहीं
सड़कें निहारकर नहीं
किसी बग़ीचे में आम के मंजरित वृक्ष के नीचे
कोई विरह-गीत गुनगुनाकर नहीं

आँखों से झाँकने की कोशिश कर रहीं
उजाड़ यादों को
धीरे-धीरे मन के किसी कोने में धकेलते हुए
इतना चुपके से इन्तज़ार करना
कि कई बार तुम्हें भी पता नहीं चले
तुम मेरा इंतज़ार कर रही हो

इन्तज़ार एक विकट कार्रवाई है इस देश में
यहाँ हज़ारों वर्षों से करोड़ों लोग
ईश्वर का इन्तज़ार कर रहे हैं
और उन्हीं के बीच कोई सैकड़ों लोग

ख़ुद के ईश्वर हो जाने का

मैं ईश्वर नहीं हूँ
साबुत बचा रहा तो आऊँगा ज़रूर
और जो साबुत नहीं रहा तब भी
हज़ार-हज़ार टुकड़ों में बँटकर भी
जेठ की पहली बारिश की बूँद सरीखा
टपकूँगा तुम्हारे हृदय के कोटर में!

[2019]

तब भी देखना

गुज़रूँगा तेरे दर से
गुज़रूँगा क्या गुज़रता ही रहूँगा
मैं कोई काल तो नहीं कि चलता ही चला जाऊँगा
मनुष्य हूँ बहुत छोटी है मेरी परिधि
बार-बार लौटूँगा तेरी देहरी की ओर

आना झरोखे पर दिखना और देखना
जो न आ सको   तब भी देखना
कहीं से   किसी भी कोने से
दरवाज़े की ओट से या खिड़की की फाँक से
जैसे भी सम्भव हो देखना

[2018]

संस्पर्श में छिपा

मेट्रो रेल में नहीं मिली थीं सीटें
हम खड़े-खड़े बतिया रहे थे भीड़ में छिपकर
अचानक तुमने खोया सन्तुलन
देखा कुछ लोगों ने तुम्हें सँभालते हुए मुझे
लेकिन किसी ने नहीं देखा
तुम्हारा शरमाना और मेरा सकुचाना

युवाओं का बेधड़क प्यार देखने की
अभ्यस्त निगाहों के निशाने पर
भला कैसे आ सकता था इतनी आसानी से
हमारा श्वेतकेशी प्यार

कुछ देर तक तो छुपी रहीं तुम मेरे सकुचाने में
और मैं तुम्हारे शरमाने में
फिर यह सोचकर कि सफ़र की भीड़ है
थोड़ी देर में सब भूल जाएँगे
हम सहयात्रियों की विस्मृति में छिप गए

हमारे पास मिलने और चहकने से
कहीं बहुत अधिक छिपने की जगहें थीं
छिप तो वहाँ भी सकते थे
जहाँ हम होते नहीं थे

किसी ऑटो, टैक्सी या बस में
जब साथ-साथ कर रहे होते थे यात्रा
तब सारी दुनिया को लगता था
वह हमें देख रही है

[2020]

कार्तिक की साँझ

मैं उत्तर की ओर मुँह किये खड़ा हूँ
दूर तक फैली है धानखेती
पश्चिम का सूरज आख़िरी स्पर्श दे रहा है
पुष्ट यौवन पार कर रही धान की बालियों को

कार्तिक की साँझ ढल रही है
जहाँ तक दिख रहा है
खिच्चा हरापन छोड़ देने को उत्सुक हैं पौधे

धीरे-धीरे आगे बढ़ता हूँ
धानखेती भी खिसकने लगती है आगे
जैसे अपनी धानी चूनर फैलाती जा रही हो

उह! बीच चौर में यह ईंट-भट्ठा
पृथ्वी की कमर पर दाद की तरह पसरा है!

[2018]

जंगल में बारिश

बौछारें जितनी तेज़ हो रही हैं
सन्नाटा उतना ही गहरा हो रहा है
शाम ढले किसी पेड़ पर आ जुटीं
चिड़ियों की चहचहाहटों की मद्धम लय सरीखी
बारिश की अविराम आवाज़ें
स्पन्दित नीरवता की तरह फैल रही हैं

पंछी पखेरू छिप गए हैं अपने-अपने नीड़ों में
बस एक बन्दर
एक से उतरकर दूसरे दरख़्त की ओर भागता दिखा

आसमान के विराट झरने के नीचे
नहा रहे जंगल की गुनगुनाहट में
खलल पैदा कर रही है यह छुक-छुक
बारिश की सुरंग में
दौड़ती चली जा रही है हमारी ट्रेन
अचानक एक लम्बी सीटी बजी!

[2018]

मैना

(एक मुंडारी लोकगीत पर आधारित)

हे मैना! देखो
दिसी चारगाह जलने लगा है
तेलई मैदान भी झुलसने लगा है
तुम चुगने कहाँ जाओगी
तिनके कहाँ से लाओगी?

सुनो, अभी आधा जला है
मैं आधे में चुग लूँगी दाने
कुछ भाग ही झुलसा है
मैं बचे भाग से चुन लूँगी तिनके

अरे, तुम तो चुगते-चुगते आधा जल गई
चुनते-चुनते आधा झुलस गई

हाय! तेरी चोटी का पंख जल गया!

[2020]

चुप्पी

बस सोचता रहता हूँ
और चुप रहता हूँ
वैसे एकदम तो छुपी नहीं रहती है चुप्पी
बोलती रहती हैं मेरी हथेलियाँ
त्वचा से भी फूटते रहते हैं कुछ शब्द
क़रीने से कटे नाख़ून
और बेतरतीब होते बाल भी
कुछ कहते हैं

जो आँखें मूँद भी लूँ
तो पलकें और बरौनियाँ चुप कहाँ रहती हैं
बस एक ज़ुबान ही है
जो खुलती नहीं!

[2020]

अकेला बच्चा

इसे किसी दृश्य की तरह मत गुज़र जाने दो
कि ग्यारह साल का एक अकेला बच्चा
ज़ोर-ज़ोर से रोते हुए बॉर्डर पार कर रहा है
क्या उसके माता-पिता युद्ध में मारे गए हैं
या वे लड़ाई जारी रखने के लिए रुक गए हैं
और बच्चे को अकेले भेज दिया है

वह एक अनजाने देश में जा रहा है
जहाँ की भाषा भी उसे नहीं आती
बस जा रहा है
जिधर ढेर सारे लोग जा रहे हैं
अपने-अपने बच्चों को सँभालते हुए

वह अकेला बच्चा
किसी की ओर देख नहीं रहा है
बस रोते हुए जा रहा है

वह सिर्फ़ अपनी स्मृति से संवाद कर रहा है
उसे युद्ध के बारे में कुछ नहीं पता
वह तो माँ को याद कर रहा है
जो उसे खाना खिलाती थी
पिता को याद कर रहा है
जो उसे गोद में उठाते थे

ओह! तुम तो नाच-गानवाले विज्ञापन में चले गए
और ब्रेक के बाद किसी अन्य ख़बर की ओर बढ़ जाओगे
लेकिन मुझे तो अभी
इस बच्चे के साथ रहने दो
मुझे यूक्रेनी भले ही नहीं आती
रोना तो आता है

यह रोना ही मनुष्यता की भाषा है
युद्ध के सौदागरों को जो नहीं आती!

[2022]

मार देने से पहले

कुत्तों को भी कुत्ते की तरह जीने देते हो
जब तक उन्हें मार नहीं डालते

गिलहरियाँ गिलहरियों की तरह ही फुदकती हैं
मछलियाँ मछलियों-सी ही तैरती हैं
और मुर्गे कुकड़ूँ कू ही बोलते हैं
मारे जाने से पहले तक

फिर जब तक भी जीने देते हो
एक स्त्री को स्त्री की तरह क्यों नहीं जीने देते
तुम तो उसे मारने से पहले ही मार डालते हो!

[2017]

चालाक हत्यारा

सबसे क्रूर हत्यारा
सबसे चालाक भी होता है
वह एक कन्धे पर गांधी
और दूसरे पर गोडसे को ढोता है

कभी गोडसे को गांधी
तो कभी गांधी को गोडसे जैसा बताता है
इस तरह इतिहास के विरुद्ध
अपना इतिहास बनाता है!

[2017]

जीवन की मिठास

सबसे ख़तरनाक सुनामी भी
आख़िर ख़त्म हो जाती है
लौट जाता है समन्दर का पानी समन्दर में
बाढ़ के बाद नदी का पानी नदी में

फ़र्क़ यह कि नदी का पानी
धरती की उर्वरता को बढ़ा देता है
जबकि समन्दर का पानी खारापन
फैला जाता है

कविता उस खारेपन में भी ढूँढती है
जीवन की मिठास!

[2013]

कुआँ

कोई भी कुआँ तब तक ज़रूरी होता है
जब तक उसका पानी पीने लायक हो
जब पानी नहीं रह जाता है काम का
तब उसका इतिहास ज़रूरी हो जाता है!

[2018]

सब कुछ चाहिए

चाहिए कुछ घटनाएँ
जिनमें दृश्य न हों
और कुछ दृश्य
जिनमें घटनाएँ न हों
एक स्मृति चाहिए
जो ख़ाली डिब्बे की तरह ख़ाली हो
और कुछ लालसाएँ
जिनके मायने कभी पता न चले

एक अन्त चाहिए
जिसका कभी आरम्भ हुआ ही नहीं हो
और सन्नाटा ऐसा
जो न सृष्टि के शुरू होने से पहले था
न ही सृष्टि के ख़त्म होने के बाद होगा

सब कुछ चाहिए
पर कुछ भी मुकम्मल नहीं!

[2018]

थोड़ा-सा ईश्वर

थोड़ा-सा ईश्वर चाहिए
बस इतना कि कमर में तेज़ दर्द हो
तो उसे पुकार सकूँ
बीमार बेटी का इलाज हो रहा हो बेअसर
तो उससे पूछ सकूँ
किसी बेकस बेसहारा के लिए
कुछ नहीं कर पाऊँ
तो उसके हवाले कर सकूँ
जब सूझ नहीं रही हो बेहतरी की कोई राह
तो उसकी मुँहतकी कर सकूँ

थोड़ा-सा चाहिए लेकिन
इतना ज़्यादा ईश्वर तो बिलकुल नहीं चाहिए
कि 'जयश्री राम! जयश्री राम!' कहते
किसी की हत्या कर दूँ!

[2018]

रीढ़ की हड्डियाँ

रीढ़ की हड्डियाँ
मनकों की तरह होती हैं
टुकड़ों-टुकड़ों में बँटीं फिर भी जुड़ी हुईं
ताकि हम तन और झुक सकें

यह तो दिमाग़ को तय करना होता है
कि कहाँ तनना है कहाँ झुकना है

मैं एक बच्चे के सामने झुकना चाहता हूँ
कि प्यार की ऊँचाई नाप सकूँ
और तानाशाह के आगे तनना चाहता हूँ
ताकि ऊँचाई के बौनेपन को देख सकूँ!

[2018]

दुख का इलाज

इतने सारे डॉक्टर
एक से एक विशेषज्ञ
कोई गले का तो कोई नज़र का
कोई हृदय का तो कोई गुर्दे का
कोई हड्डी और कोई मज्जा का
तो कोई लीवर और पित्त थैली का
पर एक भी ऐसा नहीं
जो कर सके दुख का इलाज!

[2018]

लोमड़ी पुरुष

घृणा और ईर्ष्या से लथपथ होकर
वे कहते हैं
हमारे समय और भाषा में नफ़रत बढ़ती जा रही है
प्यार का अधिकार भी वे अपने पास रखना चाहते हैं

मनुष्य को घेरकर उसका शिकार करनेवाले
किसी जानवर के मारे जाने पर
दुखी जनों की करुणा में शामिल हो जाते हैं
क्रूर हत्यारा
संवेदना पर भी अधिकार क़ायम करना चाहता है

हिंस्र गुटबन्दियों से
समरसता को लहूलुहान करनेवाले
विचारधाराओं को रौंदनेवाले
शान्त भाव से कहते हैं
बहुत बुरे दिन हैं
समाज और राजनीति में ही नहीं

संस्कृति और साहित्य में भी
गुटबन्दियाँ बढ़ती जा रही हैं
अवसरवाद बढ़ता जा रहा है
लोमड़ी पुरुष
अपने विरुद्ध चलनेवाली लड़ाई पर भी
क़ाबिज़ हो जाना चाहते हैं!

[2020]

औक़ात

वह हमारा हाथ पकड़कर
कुछ दूर तक चला
और हम धन्य हो गए

धन्य होना
किसी के अनुग्रह मात्र से नहीं
हमारी औक़ात से भी तय होता है!

[2019]

मील का पत्थर

वह एक पत्थर ही होता है
अकुशलता से तराशा हुआ
बेडौल
लेकिन उस पर उत्कीर्ण शब्द और संकेत
बहुत दूर तक काम आते हैं!

[2020]

फिर भी

रोज़ मारी जाती हैं
ढेर सारी चिड़ियाँ
फिर भी
हर शाम पेड़ों पर बैठकर
ख़ूब चहचहाती हैं
ढेर सारी चिड़ियाँ!

[2020]

थोड़े-से

थोड़े-से कवि फ़ासिस्ट थे
बाक़ी कवि
कवि होने के कारण उनके साथ थे

थोड़ी-सी स्त्रियाँ फ़ासिस्ट थीं
बाक़ी स्त्रियाँ
स्त्री होने के कारण उनके साथ थीं

थोड़े-से युवा फ़ासिस्ट थे
बाक़ी युवा
युवा होने के कारण उनके साथ थे

इस तरह बन रही थी
थोड़े-से फ़ासिस्टों की बड़ी जमात!

[2020]

बहुत कुछ

उन्हें मिले हैं
हाथी-सा नक़लची तेज़ दिमाग़
रीछ जैसी ओदी गुर्राहट
जंगली सूअर-सा फूहड़ जुझारूपन
सियार सरीखी डरपोक चालाकी
बन्दर जैसी निष्फल घुड़की
लोमड़ी जैसी अखंड धूर्तता
यानी बहुत कुछ बहुत कुछ जैसा
लेकिन कुछ भी आदमी जैसा नहीं!

एक पुरानी कविता का पुनर्सृजन

[2020]

फिर तो बस

एक दिन वे लोग भी
तुमसे डरने लगेंगे
जिनके बूते पर
तुम हम लोगों को डरा रहे हो
फिर तो बस
एक डरा हुआ देश रह जाएगा
और उसके अन्दर
एक बड़ी-सी जेल!

[2020]

होना

पत्थर एक यथार्थ है
और ईश्वर एक कल्पना
जीवन इसी यथार्थ और कल्पना के बीच में है
कहीं शान्त
कहीं बेचैन
कहीं अन्याय को सहता हुआ
कहीं अन्याय से लड़ता हुआ

सभ्यता के बनने में हज़ारों वर्ष लगे
उतने ही वर्ष लगे पत्थर के ईश्वर बनने में
लेकिन ईश्वर के पत्थर हो जाने में
एक उनका अनैतिक हो जाना ही काफ़ी है!

[20.10.2020]

मेरा देखना

क्या फ़र्क़ पड़ता है
कि तुमने मुझे नहीं देखा
मेरा तुम्हें देखना
दिखाने के लिए तो था नहीं
वह तो फ़क़त देखने के लिए था
तुम चुप्पी की भाषा समझ सकती हो
अदृश्य का दृश्य देख सकती हो!

[2021]

क्रूर आवाज़ें

क्रूर आवाज़ें होंगी
चीख़ने-चिल्लाने की
बमों-बारूदों की
उन कानफाड़ू ध्वनियों में
शब्द किंचित भी नहीं होंगे
संगीत का तो सवाल ही नहीं
यह दुनिया, वह दुनिया है
जो अपनी भाषा खो चुकी है!

[2021]

अधिकाई

हिन्दू अधिक हिन्दू हो रहे हैं
इतना अधिक कि...
मुसलमान ज़्यादा मुसलमान हो रहे हैं
इतना ज़्यादा कि

अधिक और ज़्यादा
दो अलग-अलग भाषाओं के शब्द हैं
जिनका अर्थ एक ही है

[2022]

स्त्री थी न

बैठाया तो इसलिए गया था उसे
कि अपनी अग्निरोधक चादर के चलते
वह बच जाएगी
और प्रह्लाद जल जाएगा
लेकिन जब तपिश बढ़ी
उसने चादर प्रिय प्रह्लाद को ओढ़ा दी
स्त्री थी न!

[2021]

स्वप्नहीन समय

कुछ सपने हम देखते हैं
कुछ वे दिखाते हैं
जब देखे गए सपनों पर
दिखाए गए सपने प्रभावी हो जाते हैं
वह समय स्वप्नहीन हो जाता है!

[2018]

आदमी का दुख

एक जैसा दुख पर्वतों का
नदियों का दुख भी एक जैसा

एक जैसा दुख बाघों का
मेमनों का दुख भी एक जैसा

एक जैसा दुख जंगलों का
कुछ दुख स्त्रियों का भी एक जैसा

केवल आदमी के दुख होते हैं अलग-अलग

[2019]

ताकि

मेरे पास आ जाएँ
दस करोड़ कोरोना विषाणु

मुझ पर लद जाए
सौ टन अँधेरा

ज़हरीली हवाएँ
भर जाएँ मेरी साँसों में

सारा शोर सारे धमाके
घुस आएँ मेरे हृदय के कोटर में

ताकि रह सके तुम्हारी दुनिया
शान्त...सुन्दर...जगमग!

[2020]

विकल्प

जब मृत्यु ही
एकमात्र विकल्प रह जाती है
तो फिर
उससे ही निकलते हैं
जीने के अनेक विकल्प!

[2020]

राजा अच्छे होते हैं

राजा बड़े अच्छे होते हैं
राजा क्षत्रिय होते हैं
इसीलिए अच्छे होते हैं
कभी-कभी ब्राह्मण भी होते हैं राजा
ब्राह्मण राजा भी अच्छे होते हैं

बनिया-व्यापारी भी राजा हो जाते हैं
वैश्य राजा भी अच्छे होते हैं
शूद्र तो बार-बार बने राजा
गवाह है मगध का साम्राज्य
शूद्र राजा भी अच्छे होते हैं

हालात बुरे हों तो डोम
अच्छे हों तो डोमकटार
और जब बहुत अच्छे हों हालात
तो मिलता है सिंहासन

सजता है राजदरबार
डोम राजा भी अच्छे होते हैं
राजा बड़े अच्छे होते हैं!

[2017]

चार लड़कियाँ

धरती पर लेटी हुईं खिलखिला रही थीं
एक-दूसरे से लिपटी चार लड़कियाँ
पृथ्वी की गोद हो रही थी गौरवान्वित

पीछे से दूसरी थी सबसे बड़ी
और सबसे छोटी सबसे पीछे
सबसे आगे थी दूसरी
जिसके और बड़ी के बीच में थी तीसरी बहन
जो कुछ-कुछ बड़ी की अनुकृति लगती थी

घास की हरी चादर
धीरे-धीरे होती जा रही थी
और-और मुलायम
बीच-बीच में खिले थे
नन्हे-नन्हे सफ़ेद फूल
बिखरे हों जैसे उनकी हँसी के मोती

उनके पास आकर
कुछ-कुछ सकुचा रही थी वसन्ती हवा
नहीं कह पा रही थी कुछ वह
जो कहना चाह रही थी

सूरज की किरणें
पाते ही उनका स्पर्श
भींग-भींग जा रही थी लज्जा से
कुछ दूर-दूर बह रही नदी
कोशिश कर रही थी पास आने को

सपाट मैदान में सुदूर दक्षिण की ओर खड़े
इकलौते पेड़ ने हवा की मदद से
कुछ पत्ते भेजे इनके पास

इस पृथ्वी को उतना ही सुन्दर बने रहना चाहिए
ठीक उस समय जितनी वह थी!

[2020]

कमतर

ईश्वर के पास सब कुछ है
बस बुलडोज़र नहीं है
इस एक कमी से
कितना कमतर हो गया है ईश्वर
अब वह मठ के पिछवाड़े रहने लगा है!

[2022]

दुख पर पहरा

हर पहरा क्रूर ही है
लेकिन सबसे क्रूर है दुख की अभिव्यक्ति पर पहरा
घाव टभक रहा है
तुम कोई दर्द निवारक नहीं दे सकते तो मत दो
कहने तो दो मुझे दर्द हो रहा है

कह देने से भूख नहीं मिटती—
मन को थोड़ी राहत तो मिलती है
यह धमकी कितनी पीड़ादायी है
भूख की चर्चा भी की तो आगे कभी खाना
नहीं मिलेगा

बाँहों के दर्द से मुश्किल हो रहा है
पानी का गिलास उठाना
ऐसे में अनचाहे निकल गई आह पर
हँसो तो नहीं

‘ओह! इससे तो अच्छा है मर जाना’
जब कोई कहता है तो उसके दुख को समझो
चुनौती मत दो
‘जाओ, मर जाओ!’

जानता हूँ मरना आसान नहीं है
आत्महत्या करना कायरता नहीं
बहुत साहस की ज़रूरत होती है
इसके लिए!

[2021]

चाय की पत्तियाँ

ज़्यादा तो पानी ही होता है इसमें
अपनी रंगहीनता और स्वादहीनता पर इतराता हुआ
फिर थोड़ी-सी शक्कर
नींबू की दो-तीन खट्टी बूँदें
और होती हैं सबसे ज़रूरी चाय की पत्तियाँ
जो थोड़ी देर बाद ही साबुत बाहर निकाल दी जाती हैं
पर इस बीच गर्म पानी में घोल देती हैं
रंग, ख़ुशबू और स्वाद

शक्कर, नींबू और पानी की तरह
पत्तियाँ हमारी घूँटों में शामिल नहीं होतीं
पर यह उन्हीं का ज़ायका होता है
जो जीभ से सीधा हड्डियों में उतरता है

मिठास और खटास की तरह
स्थिर और पहचाना नहीं होता इसका स्वाद
मात्रा और प्रजाति के बदलने से
हर बार बदल जाता है!

[2020]

ज़िन्दा आदमी

एक ज़िन्दा आदमी
चला जा रहा था ज़िन्दा आदमी की तरह
रुक-रुककर बीच में बतिया भी रहा था
कुछ ख़ास लोगों से
जो शायद उसी तरह सचमुच ज़िन्दा थे

मैं उसकी बातों को नहीं
बस नामुराद ठहाकों को सुन पा रहा था

मैंने उसे धीरे से-पुकारा
फिर धीरे-धीरे अपनी आवाज़ बढ़ाई

दरअसल मैं उसे शामिल करना चाह रहा था
अपनी भाषा में
अपने दुख में
अपनी कविता में
लेकिन वह बार-बार मेरी पुकार को अनसुना कर दे रहा था

यह तो बहुत बाद में समझ आया
कि ज़िन्दा आदमी के साथ
मुर्दों की भाषा में बात नहीं की जा सकती!

[2018]

बुलडोज़र

जो देते हैं घरों को तोड़ने का आदेश
बुलडोज़र सबसे पहले
उनकी आत्मा पर चल चुका होता है
उसके बाद ही दस-बीस घरों के साथ
दस-बीस लाख लोगों के सीनों को रौंदता है

तालियाँ बजानेवाले दस-बीस करोड़ लोगों के विवेक
कब रौंद डाले जाते हैं
यह तो बुलडोज़र को पता भी नहीं चलता

उसके बड़े-बड़े जबड़ों में मिट्‌टी और चट्‌टानें ही नहीं
आहें और चीत्कारें भी फँसी होती हैं
बच्चों के रुदन और स्त्रियों के आँसुओं से
गीली हो रही मिट्‌टी चिपक रही होती है
उसके विशाल कठोर पहियों में

बुलडोज़र बनाने और चलानेवालों को
तो कुछ पता भी नहीं होता
नये लोकतंत्र के इस नये गारबेज के बारे में

आइंस्टीन को भी कहाँ पता था
कि दुनिया को ऊर्जा-समृद्ध करने के लिए
खोजा था जिस परमाणु विखंडन की प्रक्रिया को
उसका इस्तेमाल मनुष्यता के विनाश के लिए
किया जाएगा!

[2022]

भी

गहन वेदना में भी
हो सकता है भरपूर जीवन
जैसे एक्वेरियम में तड़प रही
मछलियों की थिरकन!

[2020]

एक पारिवारिक बखेड़ा

पत्नी ने कहा
मुझे एक दुनियादार का साथ चाहिए था
ग़लती से बन गई आपकी बीवी!

बड़ी बेटी ने कहा
हाँ ग़लती हुई
मैं चाहती थी अच्छा जीवन
ऐश-ओ-आराम
हो गई आपकी बेटी!

छोटी बेटी ने कहा
मुझे तो आपकी ही बेटी होना था
पढ़ी डॉक्टरी और बन गई मरीज़
मेरी तो नाव ही दुख की है
अब यह सुख की नदी में तैरे तब भी क्या?

बेटे ने कहा
मुझे इस बात से कोई फ़र्क़ नहीं पड़ता
मैं किसी का बेटा होता
उस होने में कोई-न-कोई ग़लती होती ही
मैंने ख़ूब पढ़ाई की
अब ख़ूब पैसे कमाना चाहता हूँ
यही है आपका उचित प्रतिकार!

'हूँ ऽऽऽ'
ध्वनि से ज़्यादा चुप्पी थी मेरी हुँकारी में
एक लम्बी ख़ामोशी के बाद मैंने कहा
आओ सब मिलकर प्रार्थना करते हैं
और ईश्वर से पूछते हैं
कहीं वह भी ग़लती से तो नहीं बन गया ईश्वर!

[2014]

एक दिन स्त्रियाँ

बैंक होगा
वहाँ स्त्रियाँ नहीं होंगी
विश्वविद्यालय होगा
टेलीविज़न भी होगा
हस्पताल भी होंगे
पर स्त्रियाँ कहीं नहीं होंगी
उन्हें न तो पैसे की ज़रूरत होगी
न ही शिक्षा या इलाज की

काले बुर्क़ों में क़ैद कर
उन्हें डाल दिया जाएगा काली कोठरियों में
जहाँ कभी-कभी कुछ ख़ौफ़नाक आवाज़ें आएँगी
बन्दूक़ों की या अज़ानों की
औरतों के चीख़ने की या बच्चों के रोने की
धीरे-धीरे मिटती चली जाएँगी उजाले की स्मृतियाँ

ज़हीन स्त्रियाँ बस जुगत लगाती रहेंगी
कि पतियों की पिटाई से कैसे बचें

सुन्दर स्त्रियाँ तदबीर करती रहेंगी
धर्म-धुरंधरों की निगाहों से बचे रहने की
फुसफुसाहटों और सिसकियों तक सीमित हो जाएँगी
ख़ूबसूरत आवाज़ें
कला केवल भोजन पकाने की रह जाएगी
वैसे करने को बहुत कुछ होगा
लेकिन रसोई और बिस्तर से बाहर कुछ भी नहीं

ज्ञान बस थोपे गए कर्तव्यों के पालन के लिए होगा
दहशत इतनी गहरी होगी
कि कई बार उसके होने का एहसास भी नहीं होगा
फिर एक दिन ब्लैक होल में तब्दील हो जाएँगी काली कोठरियाँ
और संगीनों के साये में मुर्दा हो रही स्त्रियाँ
हमेशा के लिए उनमें दफ़्न हो जाएँगी
बच्चा जननेवाली कुछ मशीनों को छोड़कर!

[2021]

सिसिफस

यूनानी मिथक का यह चरित्र मुझे लम्बे समय से प्रभावित करता रहा है। लेकिन, अब तक इस पर लिखने से इसलिए बचता रहा क्योंकि, दुनिया की बहुत सारी भाषाओं में बहुत कुछ लिखा जा चुका है। कोरोना काल के लॉकडाउन के दौरान मुझे सिसिफस के चरित्र में कुछ नई सम्भावना दिखी और मैंने एक कविता-शृंखला लिखनी शुरू की। प्रस्तावना के बाद कुल 10 कविताएँ लिखीं। लेकिन, तीन कविताओं को अपेक्षा के अनुरूप नहीं होने के कारण, रद्द कर दिया। अब प्रस्तावना के साथ फ़क़त सात कविताएँ।

—मदन कश्यप

प्रस्तावना

यह कोई भारी चट्टान नहीं
मेरा वजूद है
जिसे कभी हथेलियों
कभी केहुनियों से ढकेलते हुए
मैं रोज़ किसी काल्पनिक ऊँचाई तक ले जाता हूँ
और एक थकी हुई रात के बीतने के बाद
सुबह उसे वहीं पाता हूँ जहाँ पिछली-पिछली सुबह था

मैं सिसिफस नहीं हूँ
मेरा श्रम ही नहीं अस्तित्व भी अभिशप्त है
जहाँ तक पता है उसका कोई था
मेरा कोई ईश्वर नहीं है

मैं एक ऐसे समय में पैदा हुआ हूँ
जिसमें बदलाव की गति बहुत धीमी है
लेकिन दिशा तेज़ी से बदल रही है
मैंने यथास्थिति को भी रंग बदलते देखा है

अपनी आधी ज़िन्दगी में
ईश्वर को धीरे-धीरे मरते हुए देखा था
बाक़ी ज़िन्दगी में
उसे तेज़ी से जीवित और विकराल होते देख रहा हूँ

भाग्यशाली हैं वे लोग
जो समय के विवेक के साथ नहीं
बर्बर विश्वासों के साथ जीते हैं
रक्त को मदिरा समझकर पीते हैं

मेरे कन्धे पर आ बैठा है
इक्कीसवीं सदी का वैताल
त्रिविक्रम सेन नहीं हूँ मैं
जानता हूँ
झूठ बोलने से भी मेरा मस्तक नहीं फटेगा
फिर भी सच बोले जा रहा हूँ!

[2020]

एक

सिसिफस को नहीं पता था
नवम्बर में क्यों उत्सवों को गति मिल जाती है
मार्च में प्रिय की यादें इतनी तेज़ क्यों आती हैं
जुलाई में स्त्रियाँ इतना आतुर होकर क्यों पुकारती हैं
अपने प्रवासी प्रेमियों को

उसे तो बस इतना पता था
जाड़े के मौसम में बेहद ठण्डी हो जाती है चट्टान
गलने लगते हैं तलुए और हथेलियाँ

गर्मियों में यही पत्थर दहकने लगता है
तलुए जलने लगते हैं
हथेलियों को लगता है मानो आग के गोले को ठेल रहे हैं

सबसे ख़तरनाक होती है बरसात
नमी और काई से भर जाती है पहाड़ी बार-बार फिसलते हैं पाँव
लहूलुहान हो जाते हैं घुटने

कभी-कभी तो लगता है
चट्टान उसके सीने को रौंदते हुए लुढ़क जाएगी
यह मौसम बेहद सुहावना उनके लिए होता है
जो सुन पाते हैं बारिश के साज़ पर
विरहिणियों के मधुर गान
सिसिफस के लिए तो
सबसे कठिन ऋतु होती है यह!

दो

एक निष्कंटक बाहरी यथार्थ में जीता हुआ भी
सिसिफस अपार संकटों से घिरा रहता था
उसे फिर भी बेहद डरावनी लगती थी
यथार्थ की भीतरी परत
जबकि वहीं से खुल सकते थे बेहतर जीवन के गवाक्ष
'मैं इस मुश्किल में नहीं पड़ना चाहता हूँ'
वह बुदबुदाता था
लोग आश्वस्त हो जाते थे और ख़ुश भी
कि सिसिफस
पीड़ाओं से लड़ने की जगह
उन्हें झेलने में विश्वास रखता है

लोगों की प्रशंसाएँ
उसे और अधिक लहूलुहान कर रही होती थीं!

तीन

सिसिफस केवल मुठभेड़ कर रहा था
चट्टान से
पहाड़ से
मौसम से
और सबसे बढ़कर
काल से मुठभेड़ कर रहा था

उसने नियति को स्वीकार नहीं किया था
लेकिन हमलावर भी नहीं था

उसे अज्ञानी नहीं समझा जाए
अविवेकी तो आक्रमणकारी होते हैं
मुक़ाबला हमेशा विवेकपूर्ण तरीक़े से होता है!

चार

सिसिफस सूरज को झेल रहा था
मौसम के अनुसार तीखे और मधुर हो रहे सूरज को
कभी माथे पर तो कभी पीठ पर
कभी बायीं कनपट्टी पर
तो कभी दाहिनी कनपट्टी पर
यह इतना लगातार था
कि इसके होने का एहसास तभी होता था
जब सूरज बादलों में छिप जाता था

लेकिन वह चाँद से कभी नहीं मिल पाता था
चट्टान को शिखर पर चढ़ाते-चढ़ाते इतना थक जाता था
कि उसे चाँद का कोई ख़याल ही नहीं रहता था
हाँ, कभी-कभी वह सपनों में चाँद को देखता था!

पाँच

सिसिफस
जी रहा था
इसलिए नहीं
कि कोई सुन्दर स्त्री उसका इन्तज़ार कर रही थी
इसलिए नहीं
कि लज़ीज़ भोजन और उम्दा शराब के साथ
कोई मित्र उसे पुकार रहा था

जीने के लिए यह दुनिया कैसी है
उसने इस बारे में सोचना बन्द कर दिया था
अभिशाप को ही अपना प्रयोजन बना लिया था!

छह

एक दिन अपने शापग्रस्त लक्ष्य की ओर बढ़ते हुए
सिसिफस ने सोचा
तो सबसे पहले उसे एहसास हुआ कि वह सोचता भी है
यानी सोच भी सकता है
दरअसल, सोचना उसकी नित्यक्रिया में शामिल नहीं रह गया था
उस ऊहापोह में भूल ही गया
कि उसने सोचा क्या था

चट्टान का कोई नुकीला कोना
बहुत तेज़ चुभ रहा था उसकी हथेली में!

सात

सिसिफस को कोई दुख नहीं था
पीड़ाएँ अकूत थीं
उसके तलुओं, घुटनों, केहुनियों और हथेलियों से
लगातार रिसता रहता था ख़ून
पीड़ाएँ अकूत थीं लेकिन दुख नहीं था

10 सितम्बर, 2022 के बाद की कविताएँ

जीवने जतो पूजो होलो ना सारा,
जानि हे जानि ताओ हय नि हारा।
जे फूल ना फुटिते झरेछे धरनीते,
जे नदी मरुपथे हारालो धारा,
जानि हे जानि ताओ हय नि हारा।

—रवीन्द्रनाथ ठाकुर

जाने और जानने के बीच

तुम्हारे जाने
और हमारे जानने के बीच
एक छोटा-सा अन्तराल था
मैं सुबह की सैर से लौटकर आया
चाय बनाकर पी
तब फ़ोन से संवाद मिला
तुम नहीं रहीं

बेटे को स्कूल जाने से पहले
चेहरे पर क्रीम लगाते हुए
तुमने आख़िरी बार छुआ
और चली गईं

तुम जा चुकी थीं
लेकिन बेटे के लिए
बीच रास्ते से लौटकर घर आने तक तुम थीं
उसे तो इतना ही बताया गया था

कि मम्मा बहुत बीमार हो गई हैं

काश!
तुम्हारे जाने और हमारे जानने के
बीच का वह अन्तराल
इतना बड़ा होता
कि उसमें मेरा पूरा जीवन सिमट जाता!

[2022]

यात्रा

यह कैसी यात्रा थी
तुम कहीं नहीं गईं
और चली गईं!

[2022]

आना तो

आना तो
साथ अपने ईश्वर को भी लिये आना
जो तुमने साध ली चुप्पी
तो तुम्हारे ईश्वर से ही बात कर लूँगा
और वह सब पूछ लूँगा
जो बस तुम जानती हो!

[2022]

मरने के बाद

सपने मरने के बाद भी पूरे होते हैं
लेकिन मरने के बाद
सपने देखे नहीं जाते!

[2023]

अपना ईश्वर

हर जीव का
अपना एक ईश्वर होता है
जो उसके मरने के साथ ही मर जाता है!

[2023]

बेतरतीब

मैं उसके पास जाना चाहता हूँ
लेकिन रास्ता नहीं मालूम
रास्ते को ढूँढने का रास्ता भी नहीं

रास्ते के बारे में सोचता हूँ
तो अजीब-अजीब मंज़र सामने आने लगते हैं
कभी कोई पहाड़ आ जाता है
जिसमें न कोई सुरंग होती है न ही कोई दर्रा
जबकि उसको चढ़कर पार करना
भूल चुकी है हमारी सभ्यता

कभी नदी सामने आ जाती है
जिसे पार करने की कोई जुगत नहीं दिखती
न कोई नाव, न ही कोई पुल
यह ऐसा समय है जो भूल चुका है
नदी भी रास्ता है
सब कहते हैं नदी को पार करो

कोई नहीं कहता नदी के साथ चलो

फिर कोई जंगल आ जाता है
लोग बताने लगते हैं आगे जंगल है
कोई रास्ता नहीं
अब कोई तो कहे जंगल भी रास्ता है
इन सबके चक्कर में
मैं अपना सब कुछ खोता जा रहा हूँ
जैसे ईश्वर के चक्कर में
सब खोते जा रहे हैं अपनी मनुष्यता

अन्यायों को सहकर भी
प्रकृति ज़्यादातर न्याय ही करती है
तभी तो चल पाता है जीवन
यह वह जो कभी करती है अन्याय
तो इतना क्रूर हो जाती है
कि छोटी पड़ जाती है सारी उदारता

ऐसे ही किन्हीं अन्यायों के बरक्स
पैदा किया गया होगा ईश्वर को
वह रौशनी के शहतीर की तरह चमका होगा
और थोड़ी देर के लिए ख़ूबसूरत लगने लगी होगी
अँधेरे की हौलनाक दुनिया
अन्याय से लड़ने की ताक़त नहीं देता ईश्वर
लेकिन अत्याचार सहने की शक्ति तो देता है

मैं उसके पास जाना चाहता हूँ
गोया मुझे पता नहीं

वह ख़ुद अपने पास है या नहीं
कुछ भी और नहीं है उसे देने के लिए
बस बची-खुची थोड़ी-सी साँसें हैं
और इन्हें दे नहीं पाने की विकराल विवशता!

[2022]

नयापन

हर चुम्बन भला एक चुम्बन नहीं होता
तो हम चूमते ही क्यों
और जो पुराने की स्मृति नहीं होती
तब भी क्यों

जिसे हम कहते हैं नया
दरअसल उसे भी
स्मृति ही गढ़ती है!

[2023]

धमक

जो होते हैं
वे तो बस होने का संघर्ष करते रहते हैं
यह दुनिया सबसे ज़्यादा
उनसे संचालित होती है
दरअसल जो होते ही नहीं

जो नहीं है जैसे ईश्वर
सबसे अधिक उसके होने की धमक है!

[2023]

सैलानी नहीं

जो रहते हैं समुद्र के किनारे
वही जानते हैं समुद्र के दुख को
और अपने उस दुख को भी
समुद्र जिसे साझा करता है उनसे

पहाड़ के दुख को
पहाड़ के लोग ही समझते हैं
और उन लोगों के दुख को समझता है
केवल पहाड़

मैं जंगल के उस ख़ूबसूरत अतिथिगृह में
केवल कुछ महीने रहना चाहता हूँ
हमेशा के लिए नहीं!

[2023]

अनन्तिम

प्यास की भाषा सब को समझ में आ जाती है
हर कोई जान लेता है भूखे होने के इशारों को
रंग आँखों के अलग-अलग हो सकते हैं
आँसू के नहीं

कविता की भी एक ऐसी ही भाषा होनी चाहिए
जो पूरी दुनिया को समझ में आए
मैं उस भाषा की तलाश में मौन होता जा रहा हूँ।

[2022]

बस चाँद रोएगा

मेरे न रहने पर बस चाँद रोएगा
और किसी के रोने की ज़रूरत भी नहीं
केवल वही जानता है मेरा अकेलापन
उसके साथ ही तो की हैं सबसे ज़्यादा बातें
उस पर कुछ लिखा नहीं फिर भी

हम जिसे प्यार करते हैं
बस प्यार करते हैं
इश्क़ की बतकही की
दरअसल कोई भाषा नहीं होती

जलाना नहीं
मुझे आग से बहुत डर लगता है
दफ़नाना नहीं
मुझे दम घुटने से और भी डर लगता है
इस देह को दे देना
चिकित्सा विज्ञान के छात्रों को
कोमल किशोर अँगुलियाँ जब छुएँगी

उत्सुकता-भरी आँखें जब निहारेंगी
मुझे अच्छा लगेगा
इतना अच्छा कि चाकुओं से काटे जाने का
दर्द भूल जाऊँगा

यह महसूस करना कितना सुखद होगा
कि मरा हुआ शरीर
जीवन का ज्ञान बढ़ाने के काम आ रहा है

मुर्दाघर में हर रात चुपके से आ जाएगी चाँदनी
मेरे घावों को सहलाएगी
कई दिनों तक कई कोणों से मुझे काटा जाएगा
हर कटाई के बाद मेरे भीतर से निकलेंगे
दुख, करुणा, प्यार
और अकेलापन भी
बच्चे उसे देख नहीं पाएँगे
लेकिन वहाँ छुपकर बची रह गई चाँदनी
सब समेट लेगी चुपके से
और रात में लेकर चली जाएगी चाँद के पास
बहुत रो चुका चाँद तब मुस्कुराएगा!

और आख़िरी निवेदन—

मरने के बाद मेरी मूर्ति नहीं बनाना
कभी न कभी कोई उसे तोड़ देगा!!

[2024]